Das Berlin des Robert Walser

Text: Gudrun Ortmanns

Hübsch ist es auch, in Bahnhöfen herumzustehen und die Reisenden, die ankommen und fortgehen, gemütlich betrachten zu können. Da sind sie soweit hergereist, um mich verstehen zu lernen, und leider muß ich Ihnen mitteilen, daß jeder Lautsprecher, der die Abfahrtszeiten ansagt, mehr über mich und meine Ziele weiß als ich selbst.

Elfriede Jelinek, *er nicht als er*
Ein Stück, 1998

Berlin, Anhalter Bahnhof,
um 1910

I.

Von Zürich her waren es wohl gute acht oder zehn Stunden, bis der Zug die deutsche Reichshauptstadt Berlin erreichte. Der Anhalter Bahnhof in Berlin war ein Kopfbahnhof mit acht Gleisen unter einer riesigen Halle, in der die Züge aus dem Süden endeten. Die Reisenden wurden abgeholt oder strebten zu den Droschken, die aufgereiht vor dem Bahnhof bereit standen. Der junge Schweizer Schriftsteller Robert Walser aber, den es im März 1905 zu seinem in Berlin ansässigen Bruder Karl zieht, bleibt überwältigt stehen, nachdem er ohne Gepäck auf den Bahnsteig getreten ist, denn *das lebhafteste und schönste Schauspiel der Welt ist ein Bahnhof*. Er selbst ist in Biel in der Schweiz aufgewachsen, was bei ihm ein klein bisschen ironisch klingt:

Robert Walser, Herbst 1905

> Übrigens bin ich in einer allerdings ganz, ganz kleinen Weltstadt aufgewachsen. Ich habe Stadtwesen und -empfinden mit der mütterlichen Milch eingesogen. Ich sah als Kind johlende, betrunkene Arbeiter hin und her taumeln […].

Doch ein solches Gewirr von Ankommenden und Suchenden und unentschlossen Herumstehenden hat er noch nie gesehen, und nur langsam lässt er sich zum Ausgang weitertreiben. Natürlich wird er nicht abgeholt, denn sein ein Jahr älterer Bruder kennt gar nicht seine Ankunftszeit und hat wohl überhaupt Besseres zu tun. Karl Walser hat – im Gegensatz zu ihm – bereits ganz nett Karriere gemacht.

Karl Walser, um 1903

> Sein Bruder Karl, der Maler, bildete bei Reinhardt einen besonderen anmutigen Dekorationsstil aus und hat Robert ins Großstadtleben hereingeholt.
>
> Max Brod

Als Freskenmaler und Bühnenausstatter ist Karl Walser ein gefragter Mann, und 1905 ist er der Lieblings-Bühnenausstatter Max Reinhardts am Deutschen Theater. Er wird zahlreiche

Karl Walser, Illustrationen zu *Fritz Kochers Aufsätze*, 1904

Bücher berühmter Autoren illustrieren, darunter E.T.A. Hoffmann, Christian Morgenstern, Hermann Hesse und Hugo von Hofmannsthal. Auch Roberts erstes Buch hat er illustriert, *Fritz Kochers Aufsätze* (1904), damit es sich besser verkaufen ließe, was leider nicht der Fall war. Karl Walser hat es in Charlottenburg zu einem eigenen Hausstand gebracht – in der Metropole Berlin, deren Energie auf alle Künstler so eine ungeheure Anziehungskraft ausübt. Dieser Sog hat auch Robert erfasst, der noch nicht viel vorweisen kann und seinem Bruder das Versprechen abgenommen hat, fürs erste bei ihm Quartier nehmen zu dürfen, in der Kaiser-Friedrich-Str. 70, IV. Stock, in Charlottenburg.

Robert Walser (oder Karl Walser?) in der Kaiser-Friedrich-Str. 70, 1905

Neubau in der Kaiser-Friedrich-Str. 70, 2010

Die Potsdamer Brücke, ca. 1910

1905 ist Berlin eine Weltstadt im Gründungsrausch. Neben Paris, London, Prag ist es eine der europäischen Metropolen. In den Jahrzehnten nach 1870/71 wird die deutsche Hauptstadt das kulturelle und wirtschaftliche Zentrum des Deutschen Reiches. 1880 wohnen 1,3 Millionen Menschen in Groß-Berlin, 1910 bereits 3,7 Millionen. Moderne Massenverkehrsmittel wie Straßenbahnen, motorisierte Omnibusse und Autos sorgen für ungewohnte Geräusche und einen hektischen Lebensstil. Die Eisenbahn wird von 1896-1902 elektrifiziert und die Hoch- und U-Bahn 1902 gebaut. Auch für Erholung und Unterhaltung ist gesorgt. Varietés und Theater, Freilicht-Konzerte, Brunnenspiele, Zoo-Terrassen und eine unübersehbare Zahl von Tanz- und Vergnügungslokalen bietet Zerstreuung für jeden Geschmack. Die Friedrichstraße wird zur Hauptader des Vergnügens und des Lasters. Im *Panopticum* ebenda werden 1905 dem Publikum 35 Togo-Neger gezeigt.

Die Friedrichstraße mit der Passage und dem Eingang zum Panopticum, 1909

Auf den breiten Bürgersteigen sind viele Spaziergänger unterwegs, die man jetzt *Flaneure* nennt. Aber die schnell und chaotisch wachsende Großstadt mit ihren sozialen Kontrasten und dem Wohnungselend der Arbeiter hat auch ihre abstoßenden Seiten. In Literatur und Kunst regt sich Sozialkritik. Die künstlerische Auseinandersetzung mit der Großstadt sollte wenig später im Expressionismus ihren Höhepunkt erreichen.
Mit dem Bruder ist Robert in den vergangenen Jahren öfter in verschiedenen deutschen Städten zusammengetroffen. So konnte er seinem ungeliebten Brotberuf als Commis, als kleiner Büroangestellter, für kurze Zeit entkommen.
Er bewundert seinen Bruder und sieht in ihm ein Vorbild für sein künftiges Künstlerleben. Robert ist jederzeit bereit, seine Stellung hinzuwerfen, um zu dichten oder zu reisen. Zur Not gibt es ja noch die *Schreibstube für Stellenlose* in Zürich, wo er wegen seiner schönen Handschrift immer Beschäftigung finden

kann. 1896 trafen sich die Brüder in Stuttgart in der *Herberge zur Heimat* und verbrachten vergnügliche Tage, als sei eine Fortsetzung der gemeinsamen Kindertage möglich.

Aber ist das Hüte aus dem Fenster hinaus- und auf Passanten in die Straße herabwerfen nicht vielleicht noch fast schöner als alles Malen, Musizieren und Dichten?

Er empfand das Zusammensein mit Karl als *Freundschafts- und Verbrüderungsinsel* in seinem freudlosen Alltagsleben. Danach schrieb er ihm fiktive Liebesbriefe – und verfasste die Antworten gleich selbst dazu. Aber hier in Berlin im März 1905 sieht es anders aus. Es werden keine Hüte mehr aus dem Fenster geworfen. *Bruder Karl, ein genialer und blitzschnell arrivierter Künstler* (Wolfgang Koeppen), ist erwachsen geworden und spielt in der Theater- und Kunstwelt eine wichtige Rolle. Sein Hausstand ist geordnet, sein Konto gefüllt, und er hat seinen Weg gefunden. Robert hingegen kommt bereits zum wiederholten Mal nach Berlin, um die Chancen einer Übersiedlung auszuloten. Schon Ende 1897 hatte er einen ersten Versuch unternommen; aber ohne den Bruder, ohne Verdienstmöglichkeit mit seiner Dichtung schreckte ihn das chaotische Gewühl der Großstadt ab, und er war schnell wieder nach Zürich zurückgekehrt. Und 1901 hatte er sich gar von Max Dauthendey, den er in Würzburg besuchte, zwanzig Mark geborgt, um nach Berlin zu fahren. Aber 1902 musste er an Joseph Widmann, den Feuilletonchef des Berner *Bund*, schreiben:

Ich besitze zu wenig umfassende Bildung, um mir eine Stellung als Schriftsteller zu erobern […]. In Berlin, von wo ich eben komme, ist die Hoffnung, etwas durch meine Dichtungen zu verdienen, gänzlich fehlgeschlagen.

Robert Walser dichtet schon lange heimlich nebenbei. Erst als Widmann, sein erster Förderer, 1898 Gedichte von ihm in der Berner Tageszeitung *Bund* präsentierte, trat er zum ersten Mal als Autor an die Öffentlichkeit. Franz Blei hatte den Mut, diese Gedichte in seine neue Literaturzeitschrift *Die Insel* aufzunehmen. Als erste Buchveröffentlichung folgte 1904 *Fritz Kochers Aufsätze*, eine Reihe kleiner, fingierter Schulaufsätze, im renommierten *Insel-Verlag*. Dieses erste Buch gibt Robert Walser den Mut, seine geringe, wenn auch auskömmliche

Existenz als Commis endgültig hinzuwerfen. Zum ersten Mal kann er sich vorstellen, als Schriftsteller zu existieren. Daran war nicht zu denken gewesen, als er, der brave Angestellte mit der stets tadellosen Haltung, sich jedes Mal stellenlos machte, um heimlich zu schreiben. Niemand sollte es wissen, niemand sollte darüber spotten. Dann hält er es doch nicht mehr aus und eröffnet seiner Schwester Lisa, dass er der Autor der Gedichte im *Bund* ist. Viel zu biografisch erscheinen sie ihm jetzt. Was, wenn die Leute sich Rückschlüsse auf den Urheber erlauben könnten und so tun, *als kennten sie ihn.* Mit *Fritz Kochers Aufsätze* im Rücken traut sich Walser nun endlich nach Berlin. Der Bruder hat alles, was ein mittelloser Dichter braucht, ein Bett, einen Schreibtisch, ausreichend zu essen und insbesondere gute Beziehungen zu Verlegern und Zeitschriften.

Franz Blei, um 1910

II.

Karl, geboren 1877, ist nur ein Jahr älter als Robert. In der großen Walserschen Kinderschar von acht Kindern waren die beiden enge Spielkameraden. Die Eltern besaßen ein Papeterie- und Spielwarengeschäft in Biel. Im Haus wurde immer getobt und gelärmt, oft kamen Schulkameraden zu Besuch.

Wir durften Scharaden aufführen und Theater spielen sowie Kisten und Kasten nach Garderobenstücken durchstöbern; auch bewirtet wurden wir. Lina Marty-Hauenstein, eine Freundin Lisa Walsers

Manchmal holte die Mutter sogar ein neues Spielzeug aus dem Geschäft herauf. Und Robert entdeckte sein schauspielerisches Talent:

Meine bescheidene Wenigkeit war im elterlichen Hause, als kleiner Junge, der noch unglaublich grün und noch ziemlich naß hinter den Ohren war, der bevorzugte Inszeneur, Theaterspieler, Dramaturg, Regisseur und Geschichtenmacher meiner jüngern Schwester, der ich eine Zeitlang immer Geschichten, nicht etwa nur erzählen, nein, machen mußte.

Der elterliche Laden in der Nidaugasse, der Hauptgeschäftsstraße Biels, gelegen, lief da noch bestens und verhalf der großen Familie zu einem bürgerlichen Auskommen. Mit viel mütterlicher Zuwendung konnten die Kinder allerdings nicht rechnen. Elisa Walser-Marti versank immer öfter in Depressionen. Auch forderten zu viele Kinder ihre Aufmerksamkeit. Lisa, die bei der Geburt der letzten Schwester Fanny erst acht Jahre alt war, musste schon bald die Mutterrolle übernehmen. Für Robert Walser blieb Lisa lebenslang die Mutterfigur.

Denken Sie, ein Kind sieht seine Mutter zum Kinde werden und wird Mutter an der Mutter [...]. Kurz vor ihrem Tode schrieb sie eines Mittags einen Brief: mein lieber Sohn! Aber glauben Sie, sie wäre mit ihrer wunderlich-schlanken Handschrift weiter gekommen als über die Anrede hinaus? Nein, sie lächelte müde und irr, murmelte etwas und war gezwungen, die Feder wegzulegen [...].

Eine verhängnisvolle Mischung aus Depression und Kreativität prägte die Walserschen Kinder, besonders aber die Söhne. Nicht nur der Dichter Robert Walser würde sein Leben in einer Heilanstalt beenden, auch sein Bruder Ernst, musikalisch hochbegabt, teilte dieses Schicksal und starb in der Nervenklinik Waldau. Hermann, Professor für Geografie in Bern, endete im Suizid. Der einzige der Walser-Brüder, der sein Leben friedlich zu Ende führen konnte, war Karl Walser. Nur die Mädchen hatten keine besonderen Begabungen und blieben von krankhaften Impulsen in dieser Familie verschont. Lisa wurde Lehrerin und Fanny Zahntechnikerin. Keines der acht Kinder hatte Nachkommen.
Als das gut gehende Geschäft 1892 in die Wirtschaftskrise geriet, kamen weitere Entbehrungen auf die Kinder zu. Sie mussten ihre Schullaufbahn abbrechen, sowohl Karl als auch Robert mussten mit vierzehn Jahren das Progymnasium verlassen. Nun änderte sich ihr bisheriges bürgerliches Leben schlagartig. Karl hatte da seine Laufbahn schon vor Augen, er ließ sich mit 16 Jahren an Kunstschulen und bei verschiedenen Malern zum Dekorationsmaler ausbilden. Robert strebte eine Karriere als Schauspieler an und wurde vom Vater in eine Lehre als Bankcommis bei der Berner Kantonalbank in Biel gesteckt. Mütterlichen Trost zum plötzlichen Ende der Kindheit wird es nicht gegeben haben, im Gegenteil, auch für Elisa Walser-Marti

stürzte das bürgerliche Gerüst ihrer Familie zusammen. Robert Walser war 16 Jahre alt, als die Mutter 1894 starb. Ihre Krankheit würde auch auf sein Leben Schatten werfen.

III.

Als Robert Walser 1905 in Berlin eintrifft, ist Karl das einzige Familienmitglied, zu dem er engen Kontakt hat; aber die unbeschwerte Zeit der Jugend ist vorbei. Karl ist ein *Erfolgsmensch* geworden, was Robert vom ersten Moment an missfällt. Er residiert in einer großzügigen Dreizimmerwohnung, ist gediegen eingerichtet und geht häufig auf Reisen. Robert muss dann allein für sich sorgen. Spöttisch schreibt er seiner Schwester Lisa von einem roten Ledersessel, Spiegeln im Wohnzimmer und einer Haushälterin – für ihn der Gipfel bürgerlicher Dekadenz. Nun steht er unter dem ungeheuren Druck, *selber nachgerade zu irgendwelcher Bedeutung zu gelangen.* Er ist 27 Jahre alt.
Wer nach Berlin zieht, sucht die Veränderung. Kein Reisen mehr, keine Selbstbespiegelung – die Welt, hier kommt sie auf ihn zu. Die Metropole mit all ihrer Energie, ihrem Tempo, den Geräuschen, den vielen Menschen und der segensreichen Anonymität, soll einen neuen Menschen aus ihm machen:

> Ich bilde mir ein, daß Berlin die Stadt sei, die mich entweder stürzen und verderben oder wachsen und gedeihen sehen soll. Eine Stadt, wo der rauhe, böse Lebenskampf regiert, habe ich nötig [...]. In Berlin werde ich in kürzerer oder längerer Zeit zu meinem wahrhaftigen Vergnügen erfahren, was die Welt von mir will und was meinerseits ich selber von ihr zu wollen habe [...]. In Berlin, mitten im Strudel und Getümmel und in all der Unruhe aufgeregten Weltstadtlebens, in angestrengter Geschäftigkeit und Tätigkeit, werde ich meine Ruhe finden.

Doch sind dies nicht schwärmerische Vorstellungen? Das Neue stellt sich langsam oder überhaupt nicht ein. Auch das *Weltstadtleben* muss erst behutsam erobert werden. Schon im Juni 1905, nur drei Monate nach seiner Ankunft in Berlin, weicht er erneut für einige Wochen nach Zürich aus. Aus Heimweh? Aus innerer Unruhe? Der Mut der Verzweiflung, mit dem er nach Berlin flüchtete und sein langweiliges Commis-Dasein hinwarf, bestürzt ihn jetzt.

Ich nahm mir vor, ein ehrlicher Mann zu bleiben, und schleuderte meine feinen Überzüge ab. Ich packte meinen elenden Schreinerkoffer und segelte davon. Nun bin ich faul in Zürich und fange an, mich zu besinnen, wie schön es in Berlin war.

Noch immer verwirrt ihn das neue Leben. Zu konzentrierter Arbeit fühlt er sich längst nicht fähig. Schlimmer noch, er fühlt sich skeptisch beobachtet, ja beargwöhnt von Kritikern und Autoren, die einen möglichen Konkurrenten in ihm zu wittern scheinen. Kommentar und Kritik sind ihm unbekannt und deshalb schwer erträglich. Zwar versucht Karl Walser, seinen Bruder möglichst schnell in die Berliner Kunstwelt einzuführen, nimmt ihn mit zu Theaterpremieren und zur *Berliner Secession*. Er ist selbst Mitglied dieser Künstlervereinigung der Impressionisten um Max Liebermann. Doch Robert fühlt sich dort unbehaglich. Gesellschaftlichen Glanz und die Eitelkeit der Künstler lehnt er ab. Am liebsten schaut er dann tief ins Glas.
Er und Karl pflegen sich oft heftig zu betrinken und sich dann laut und einfach unerträglich aufzuführen. Kein Wunder, dass er in solchen Kreisen bald als *enfant terrible* gilt. Am liebsten möchte er unsichtbar sein und in eine Rolle schlüpfen, in der ihn niemand kennt, die ihm auch keiner zutraut.

Werbemarke, um 1910

Im Sommer 1905 erinnert er sich an einen alten Kindheitstraum: Es ist der Traum vom Dienen. Sich klein machen, Putzdienste leisten, edlen Damen die Stiefelchen putzen – wie oft hatte er sich das lustvoll ausgemalt? Schon 1901 hatte er Alfred Walter Heymel, dem Lyriker und Financier der *Insel*, angeboten, in dessen Münchner Villa die Dienerstelle einzunehmen. Damals war es nicht dazu gekommen, denn *es stellte sich heraus, daß er weder Silber putzen noch Zylinder bügeln konnte.* (Franz Blei)
Doch hier in Berlin, in der Wilhelmstraße 28, gibt es eine Dienerschule. Hier kann er endlich die nötigen Fachkenntnisse erwerben. Später wird er darüber schreiben:

Ist nicht Don Quichote in seiner Verrücktheit und Lächerlichkeit ein wahrhaft glücklicher Mann? Ich vermag das keinen Augenblick zu bezweifeln. Ist ein Leben ohne Sonderbarkeiten, ohne sogenannte Verrücktheiten überhaupt ein Leben? Wenn der Ritter von der traurigen Gestalt seine Ritteridee wahrmachte, so machte ich meinerseits meine Dieneridee wahr, die ohne Zweifel ebenso verrückt, wenn nicht gar um einige Grade verrückter ist als jene.

Nach dreimonatiger Ausbildung wird Robert Walser auf das gräfliche Schloss Dambrau in Oberschlesien engagiert und reist in zehn Stunden mit der Eisenbahn in das Dorf in der Nähe von Oppeln. Seine Geschwister machen sich lustig.
Karl schreibt an die Schwester Fanny:

Der Röbi ist Lakai auf Schloß Dambrau, Oberschlesien; mache Hermann mit dieser Nachricht in eine Ohnmacht fallen.

Und der Literaturkritiker und Verleger Franz Blei schreibt in seinen Lebenserinnerungen:

Und als er sich auf eine Annonce hin, wo für eine Schloßherrschaft in Schlesien ein Diener gesucht wurde, meldete in der Erwartung, dem jungen Fräulein die Schleppe tragen zu dürfen, da kam er durch die zwei sinistren Wintermonate dieser schlesischen Schloßherrlichkeit zu nichts anderem, als daß er die Öfen heizen mußte,... und das Fräulein des Hauses war ein junger Fratz von nur fünfzig gewesen, das Traktätchen für die Innere Mission verfaßte und auch so aussah. Franz Blei

Schloss Dambrau bei Oppeln in Oberschlesien. Historische Postkarte

Nun ging er in einer Livrée mit Goldknöpfen einher, trug schwarze Lackschuhe – schließlich wollte er einmal Schauspieler werden – und hörte auf den Namen *Monsieur Robert*. Er bediente bei Tisch und empfing die Gäste des Grafen. Doch vor allem musste er Lampen putzen und Silber polieren. Junge Damen mit schlanken Fesseln und zu putzenden Stiefelchen, wie er sie sich in seinen kühnsten Träumen herbeigesehnt haben mochte, gab es leider nicht. Schon nach drei Monaten quittierte er den Dienst wieder und kehrte um einige Erfahrungen reicher nach Berlin zurück. *Das Lächerlichste war, daß er neben seiner Lakaienschaft schriftstellerte.* So schrieb er später im Prosastück *Ein Lakai*. Nicht das Dienen war ihm genierlich, nein, sein Schreiben musste unbedingt geheim bleiben! Inständig bat er den *Insel-Verlag*, Post an ihn doch stets in neutralem Umschlag – und ohne Absender – zu senden. Selbst in dieser Schlosseinsamkeit wollte er sich verstecken. Doch konnte er nicht verhindern, dass sich noch das geringste Erlebnis unter seinen Händen in Literatur verwandelte. All die für ihn obskuren, nur fürs tägliche Brot übernommenen Tätigkeiten, Commis und Gehülfe, Schreiber fürs Feuilleton und jetzt auch noch Diener – nie sollten daraus echte „Berufe" werden. Was waren sie anderes als Vorstudien? Wer Schriftsteller ist, der braucht keinen Beruf, er schreibt, und das erfüllt ihn vollkommen. Vielleicht war es nun endlich mög-

Werbemarken, um 1910

lich, herauszutreten aus dem verborgenen Dasein, ein bekannter, ja anerkannter Dichter zu werden? Lange hatte er ein *Nichts* sein wollen, nun war es Zeit, ein *Etwas* zu werden. Der Traum vom Dienen hatte sich erledigt.

IV.

Nach dieser Dienerepisode 1905 scheint er endlich in der Hauptstadt angekommen zu sein. Wie erlöst stürzt sich Walser erneut ins Getriebe der großen Stadt. In den Wintermonaten des Jahres 1906 fasst er den Vorsatz, nun endlich zu beginnen. Dabei ist ihm klar, wie schwierig sein Weg sein wird. Man konnte hier an einem Tag zum Gipfel gelangen und wurde schon am nächsten wieder herabgestürzt. Und dennoch. Es gab keine Alternative. Er musste es versuchen!

Wieder zog Robert Walser zu seinem Bruder nach Charlottenburg, das damals noch vor den Toren Berlins lag. Der leidenschaftliche Spaziergänger konnte von hier aus – ungefähr 10 km entfernt von der im Osten gelegenen Mitte – die Stadt in nahezu endlosen Spaziergängen durchstreifen, durch den Tiergarten flanieren, das ländliche und das städtische Berlin bestens kennenlernen. Nirgends hatte er so wunderliche Menschen gesehen. Auch die neuen Verkehrsmittel waren staunenswert – der Pferdeomnibus wurde ja gerade vom Motoromnibus abgelöst. Seit 1903 fuhr die erste Hoch- und U-Bahn, und die Stadtbahn, noch dampfgetrieben, umrundete Berlin. Die Beschleunigung griff auch auf die Menschen über. Robert Walser war ein interessierter Zuschauer all dieser Vorgänge, aber noch erschien ihm die Zeit nicht gekommen, sich auf das schnelle, auf das elektrifizierte Berlin einzulassen.

Robert Walser (in der Dienerlivrée?) in Charlottenburg, um 1905/1907

Karl führte den Bruder in die Bohème und die Kaffeehausgesellschaft ein. Doch das *Café des Westens* oder das *Romanische Café*, wo sie saßen und schrieben, diese Künstler, interessierten ihn nicht. Lieber beobachtete er ihr Treiben, als dass er sich in die Schar der Schriftsteller, Künstler und Theaterleute integrierte.

Walser war es schon in ruhigeren Tagen zuwider gewesen, sich hervorzutun. Er blieb stolz hinter dem Fortschritt zurück, auf seinen unheimlichen Wanderwegen, in seiner Kammer allein. Nichts drängte ihn zum kalten Büffet der Gesellschaft der Prominenten. Hermann Hesse

Doch brauchte er Geld. Die ersten 1000 Exemplare von *Fritz Kochers Aufsätzen* mussten doch längst verkauft sein? Der Vertrag sah für diesen Fall ein Zusatzhonorar von 100 Mark vor. Doch wie fiel er aus allen Wolken, als ihm der *Insel Verlag* auf seine Anfrage antwortete, es seien erst 47 Exemplare verkauft! Vielleicht war es ja ein böses Omen, dass diese fiktiven Schulaufsätze voller Ironie, kurze, skurrile Geschichten eines unbekannten Autors, ihren Weg zu den Lesern nicht gefunden hatten? Auf diese Veröffentlichung hatte er seine Entscheidung für

Hochbahnhof Hallesches Tor und Belle-Alliance-Brücke über den Landwehrkanal, um 1910

Berlin gestützt! Auch die Beziehung zu Karl entwickelte sich unbefriedigend. Waren sie sich nicht schon in der Kindheit oft auf die Nerven gegangen? Nun war er bei ihm Logiergast. Längst hatte das Verhältnis dadurch erste Risse bekommen, und Robert ahnte, dass das fröhliche Zusammensein früherer Jahre Vergangenheit war. Doch wohin sollte er? Schon aus Armut musste er bei ihm wohnen bleiben. Dort in der Kaiser-Friedrich-Straße konnte er schreiben, essen und schlafen. Dort saß er noch spät in der Nacht, wenn Karl vom Theater nach Hause kam, und arbeitete, umschnurrt von *Muschi*, der schwarzen Katze.

Ich in der Wohnung meines Bruders. Ich werde diese schlichte Dreizimmerwohnung nie vergessen [...]. Der Bruder bis in alle Nacht im Theater, wo er die Dekorationen machte. Um drei und vier Uhr des Morgens kam er heim, und dann saß ich noch da, bezaubert von all den Gedanken, von all den schönen Bildern, die mir durch den Kopf gingen; es war, als bedürfe ich keines Schlafes mehr, als sei das Denken, Dichten und

Leipziger PLatz und Kaufhaus Wertheim, Juni 1910

Wachen mein holder, kräftigender Schlaf, als sei das stundenlange Schreiben am Schreibtisch meine Welt, mein Genuß, Erholung und Ruhe.

Muschi vertilgte die Köpfe der saftigen Kieler Sprotten, von denen er sich hauptsächlich ernährte.

Eine Sorte Fisch, von denen zu sagen sein mag, daß sie besonders von hoffnungsvollen Schrift- oder Feststellern verzehrt zu werden pflegen.

Muschi endete leider tragisch:

Muschichen kam mit der Zeit in eine Bäckerei, wo sie fleißig Mäuse fangen und vertilgen sollte. Der Beruf war ihr aber scheinbar zu peinlich; sie vernachlässigte ihre Pflicht vollständig, weshalb sie in den Zoologischen Garten gegeben wurde, wo sie als Speise für Schlangen Verwendung fand. Armes Kätzchen!

Seinem Bruder verdankte Robert Walser 1906 auch seinen ersten Berliner Verleger Bruno Cassirer, der Karl Walser schon längst als Buchillustrator beschäftigte. Cassirer schlug ihm vor, doch einen Roman zu schreiben. Fast manisch stürzte sich Robert Walser in die Arbeit zu seinem ersten Roman *Geschwister Tanner*. In nur sechs Wochen und in feinster Handschrift entstand das autobiografisch gefärbte Buch über seine Geschwister, diese Hochbegabten, aber traurig Endenden, deren Lebensweg er ganz unbefangen schilderte. In Simon Tanner, der Hauptfigur, ist unschwer der Autor selbst zu erkennen.
Zuweilen riss er sich von der Arbeit los und stürzte sich ins Nachtleben.

Robert Walser, um 1906

Bruno Cassirer, Walsers Verleger

Von Zeit zu Zeit ging ich zu den munteren Mädchen in die Mädchenkneipe, das gehört auch mit dazu [...]. Der bessere Gedanke und damit verbunden der Schaffensmut tauchte nur langsam, dafür aber eben nur um so geheimnisreicher, aus den Abgründen der Selbstnichtachtung... hervor.

Derweil entfremdeten sich die Brüder immer mehr. Karl hatte zahlreiche dramatische Liebesgeschichten und einen Kreis von Bewunderern, in den Robert nicht hineinpasste und den er seinerseits mied. Er selbst beschränkte sich in erotischer Hinsicht meist auf die Beobachterrolle. Die „Mädchenkneipe", eine Art Bordell einfachster Art, mußte ihm genügen. Die Brüder, früher einander so freundschaftlich verbunden, fingen an, sich gegenseitig immer kritischer zu beobachten.
Außerdem stand dem Dichter eine weitere Herausforderung bevor. Der Roman musste noch die strenge Hürde des Lektorats passieren. Da der *Insel-Verlag* ihn abgelehnt hatte, blieb nur Bruno Cassirer, dessen Lektor Christian Morgenstern sich der *Geschwister Tanner* annehmen sollte. Er schreibt im September 1906 einen langen Brief an den

Romancier, spart nicht mit heftigen Worten, kritisiert die *Untugenden Ihres Stils, das ohne Not Weitschweifige, das Saloppe des Satzbaus, die zur Trivialität führende Selbstgefälligkeit...* und rät schließlich: *Die Schleppe der Sätze raffen!* Es folgen Vorschläge für Korrekturen und eine Belehrung über die anzuwendenden Korrekturzeichen. Das dürfte dem frischgebackenen Roman-Autor kräftig in den Ohren geklungen haben. Wie erstaunt war er, als er nur zwei Tage später einen zweiten Brief erhielt. Ein reumütiger Morgenstern teilt ihm plötzlich seine Freude und Ergriffenheit mit und schreibt, wie er das Manuskript nun bewundere, ja liebe und ihn darum beneide. Einige Korrekturen für den Druck sind angemerkt, und Morgenstern erbittet Vergebung für seine derbe Kritik. Dem Lektor gelingt es schließlich, auch Bruno Cassirer von *Geschwister Tanner* zu überzeugen. Robert Walser hat seinen ersten Roman geschrieben, und er wird gedruckt werden. Der Dichter ist glücklich.

Nur vier Wochen nach diesem Briefwechsel mit Morgenstern arbeitet Walser bereits an einem neuen Buch, in dem der Held nach Asien gehen soll – einer von drei verlorenen Romanen, die Walser in Berlin geschrieben, dann aber vernichtet haben soll. Wieder einmal träumt Walser von Flucht, diesmal ins Überseeische, zu der ihm ein Bekannter Morgensterns, der Staatssekretär Dernburg im Reichskolonialministerium, verhelfen soll. Die „Laufbahn" abbrechen, wo diese doch gerade so schön begonnen hat? Obwohl Walser in Berlin seine produktivsten Jahre verbringen wird, scheint er zu zögern, sich ganz dem Schreiben hinzugeben.

Von hier muß ich ein wenig fort, das ist sicher und ich werde es tun mit einem Kopf voll neuer Ideen. Herrgott, die Ideen kommen, wenn man gehen will, und bleibt man wie stumpf ist man dann! Es ist jedenfalls manchmal eine scheußliche Sache mit diesem Drängen produzieren zu müssen.

Geschwister Tanner Erstausgabe, 1906, mit einem Titelbild von Karl Walser

Christian Morgenstern, der Lektor des *Cassirer-Verlages*

Aus dem unsteten Commis, der ständig seine Stellen wechselt, ist ein ebenso unsteter Schriftsteller geworden, der es nirgends lange aushält. Doch dann lässt er die Übersee-Idee fallen.

Ich würde es für ein tieferes Erlebnis halten ins Zuchthaus zu kommen.

Immer noch ist er unruhig, weiß nicht, wohin. Nach Afrika gehen oder einen Roman schreiben – das ist die Alternative. Ein Dichter, der sich zu genau festgelegten Stunden über den Schreibtisch beugt, ist Robert Walser sicher nicht. Er ist ein „Stürmi", der den falschen Glanz des Künstlertums hasst. Mögen sich die anderen darin suhlen; sogar Wedekind ist so einer, *und ich bewundere und liebe ihn*. Nein, jetzt gibt es keine Fluchten mehr. Er will in Berlin bleiben.

Robert Walser, 1907

Ich bleibe und werde wohl bleiben. Es ist so süß, zu bleiben. Geht denn die Natur etwa ins Ausland? Wandern Bäume, um sich anderswo grünere Blätter anzuschaffen und dann heimzukommen und sich prahlend zu zeigen?

Zunächst einmal arbeitet er für *Kunst und Künstler*, eine renommierte Zeitschrift, die – ab 1906 von Karl Scheffler geleitet – Aufsätze zur Kunst der Zeit sammelt und dem schon damals so genannten „Zeitgeist" huldigt. Später schreibt er auch für Jacobsohns *Schaubühne*. Bruno Cassirer, dem Neuen aufgeschlossen, war Verleger auch dieser bekannten Kunstzeitschrift. *Mehr als ein Verleger ist Bruno Cassirer vor allem ein bibliophiler Mensch. Dem Gegenstand Buch gilt seine vordringlichste Aufmerksamkeit.* In *Kunst und Künstler* kann Walser von 1907 – 1910 zahlreiche Prosastücke unterbringen, die seine Erfahrungen mit dem Berliner Kunstbetrieb reflektieren. Er erkennt aber überraschend schnell, was er im Januar 1907 in einem Brief seinem Förderer Christian Morgenstern schreibt:

Die Straße ist mir lieber wie das Theater, der einfache holzböckische Zeitungsartikel ist erhebender wie der gut komponierte Roman.

Vielleicht spielen hier auch seine Gefühle gegenüber dem Bruder mit, dessen Rolle als *gefeierter Künstler* immer noch zwiespältige Gefühle in ihm hervorruft.
Ende 1906 erschien *Geschwister Tanner* und bekam gute, ja, begeisterte Besprechungen; der Verkaufserfolg blieb jedoch gering. Immerhin wurde 1907 noch ein zweites Tausend aufgelegt. Mit Christian Morgenstern begann die lange Reihe der Lektoren und Kritiker, die begeistert waren von dem völlig neuen, nie gehörten Tonfall, den der junge Schweizer Schriftsteller anschlug:

Ich glaube nicht zu große Worte zu gebrauchen, wenn ich meine, daß diese neue Arbeit eine der größten Versprechungen bedeutet, die je von jungen Dichtern gegeben worden sind.
Morgenstern an Cassirer

Karl Walser, Frühjahr 1905

Zugleich enttäuschte den Lektor das verschlossene, ja unnahbare Wesen des Sonderlings:

Auch er scheint mir eine Natur zu sein, die, um altmodisch zu reden ‚der Liebe nicht hat'. Eine Mondnatur. Aber vielleicht – und hoffentlich – bin ich nur ein alter Narr und Schwarzseher. Christian Morgenstern

Hermann Hesse schrieb am 28.4.1909 in *Der Tag* den ersten längeren Artikel über Robert Walser:

Das waren die „Geschwister Tanner". Mit diesem Buch gewann Walser eine Art von literarischem Ruhm und Achtungserfolg, der seither gewachsen ist, ohne daß doch seine Bücher wirklich unter die Leute gekommen wären.

Hesse begleitete sämtliche Bücher Robert Walsers mit wohlwollenden Rezensionen:

Seit ein paar Jahren gibt es eine jungschweizerische Literatur, die mit der bisherigen nichts gemein zu haben scheint [...]. Es sind einige Neue aufgetaucht[...]. Sie sind modern ..., sie haben eine besondere Liebe zur sichtbaren Welt und sie sind Städter [...]. Zu diesen Jungschweizern, von denen hier nur Jakob Schaffner und Albert Steffen im Vorübergehen mit Hochachtung genannt seien, gehört auch Robert Walser.

Während Karl Walser 1907 seine Erfolgsserie mit der Bühnenausstattung für Wedekinds *Frühlings Erwachen* fortsetzte und in den Vorstand der *Berliner Secession* gewählt wurde, hatte Robert zwar an einigen verkauften Prosastücken etwas verdient, aber erst die *Geschwister Tanner* hatten ihn bekannt und interessant gemacht. Aus Geldmangel ging er auf das Angebot des Kunsthändlers Paul Cassirer – eines Vetters des Verlegers – ein, Sekretär der *Secession* zu werden. Da in *seinem Sekretariat die halbe hauptstädtische Welt verkehrte*, lernte er Berliner Berühmtheiten kennen und sogar schätzen, wie etwa Walther Rathenau, für dessen Villa in Grunewald der Bruder 1910 die Innengestaltung übernahm. Rathenau bot dem Dichter sogar an, ihm eine Stellung auf Samoa zu beschaffen. Vielleicht war er kein *kunstsinniger Gemäldesekretär*, aber kennengelernt hat er die kunstinteressierten Bürger und vor allem ihre Frauen und Kinder nun noch intimer. Er beginnt mit einer Reihe von Berlin-Beobachtungen, die er bis ans Ende seiner Zeit in der Metropole fortsetzen wird. *Die kleine Berlinerin* (1909), deren Vorbild die Tochter Paul Cassirers war, gibt ihm ein:

Berlin ist die schönste, die bildungsreichste Stadt der Welt. Ich wäre abscheulich, wenn ich hiervon nicht felsenfest überzeugt wäre. Lebt nicht hier der Kaiser? Würde er hier zu wohnen nötig haben, wenn es ihm hier nicht am besten gefiele? [...]. Der Tiergarten ist herrlich [...]. Man kann stundenlang, auf geraden und krummen Wegen, unter dem

Damenradtour im Tiergarten, um 1910

Grün gehen. Auch Vater, der sich doch eigentlich nicht zu begeistern brauchte, begeistert sich für den Tiergarten. Vater ist ein gebildeter Mensch [...]. Berlin ist allen übrigen deutschen Städten eben einmal voran, in allen Dingen. Es ist die sauberste, modernste Stadt der Welt [...]. Berlin gibt immer den Ton an.

Im Tiergarten, 2010

Es hat den Anschein, als finde er Gefallen an seiner neuen Rolle als *Secessions*-Sekretär. Von Cassirer lässt er sich sogar zu einer nächtlichen Ballonfahrt von Bitterfeld nach Königsberg überreden. Welch ein Abenteuer für den ängstlichen Dichter! Doch Paul Cassirer war nicht nur gebildet, er war auch herrschsüchtig. Für Robert Walser war er der *Gewalthaber Bösiger*. In seiner Sekretärszeit hatte er oft mit ihm zu tun, wenn er ihn zu potentiellen Käufern oder zu charmanten Damen begleitete, so zu Tilla Durieux, Cassirers zweiter Frau.

Ich war so dreist gewesen, ein Buch zu schreiben, das ziemlich viel Aufsehen erregte. Die Folge davon war, daß ich ungezwungen zu Leuten von Bedeutung gehen durfte. Ernsthafter und feiner Häuser Türen standen mir sozusagen sperrangelweit offen, das war auf alle Fälle ein Glück für mich. Der kommerzielle Leiter einer Vereinigung bildender Künstler forderte mich eines Tages wohlerwogenermaßen auf, sein Sekretär zu werden. ‚Ich hoffe', sprach er, ‚daß Sie ebenso gut Bilder verkaufen wie Bücher zu veröffentlichen imstande sind [...].' Eine Zeitlang bildete ich mir ein, äußerst gewandt im Kunsthandel zu sein. Sicher ist, daß ich mich zum behaglichen Droschkenfahren auf freundlich belebter, glitzernd heller Straße und zum stunden- und halbstundenlangen Plaudern mit munteren Künstlerfrauen prächtig eignete. Klubabende zeigten mich scheinbar regelmäßig auf der Höhe... Dem Leiter des Unternehmens schien es zu passen, mit seinem Beamten vorzugsweise über Verse und dergleichen zu reden.

Paul Cassirer, Kunsthändler und Verleger, und seine Frau, die Schauspielerin Tilla Durieux

Weniger zufrieden war Paul Cassirer allerdings mit den Leistungen seines Sekretärs *als Unterhändler zwischen Künstlertum und kunstentflammter Öffentlichkeit*, und er setzte ihn bald wieder vor die Tür.
Ein neues Selbstbewusstsein keimt in dem Schweizer Schriftsteller, als er die Stadt selbst als Thema entdeckt. Vom Rausch der Großstadt angesteckt, strebt er dem Höhepunkt seiner Laufbahn zu und entwickelt eine unermüdliche Produktivität. Mit ungefähr 30 veröffentlichten Prosastücken im Jahr kann er sich nun endlich selbst über Wasser halten. *Ich sende jeweilen meine Seele voraus und gehe hinter ihr her*, konstatiert er. Und immer noch erweist sich die Theaterwelt seines Bruders Karl Walser als ergiebig. Zwar stammt er aus der „Provinz", aber Gedanken über die Kunst seiner Zeit scheinen ihm zuzufliegen. Den Naturalismus Gerhart Hauptmanns lehnt er ab und mit seinem Motto *Lüge auf die Bühne* sieht er sich konform mit den avantgardistischen Zeitströmungen in der Kunst.

Aus dem Schriftsteller ist ein glänzender Feuilletonist geworden – notgedrungen, denn von irgendetwas muss er schließlich leben.

O hätte ich nie ein Feuilleton geschrieben. – Aber das Schicksal, das stets unbegreiflich ist, hat es so gewollt, es hat aus mir, wie es scheint, einen hüpfenden und parfümierten Vielschreiber und Vielwisser gemacht [...] Einstweilen aber scheine ich begraben im Sündenpfuhl eines lächelnden und tanzenden Berichterstattertums.

Ausstellungs-eröffnung in der *Berliner Secession*

Das Gebäude der *Berliner Secession* am Kurfürstendamm 208/209

Er ahnt, dass er auf diese Weise keine Anerkennung als Dichter gewinnen kann, dazu müsste er Romane und Novellen schreiben. *Wenn ich aber Zeitschriftenlieferant werden sollte, lieber ginge ich unter die Soldaten,* hat er an Morgenstern geschrieben, und an Walter Heymel: *Ich fabriziere kleine Sachen für Zeitungen und Zeitschriften. Solches tut man ja eigentlich nur, um Luft zu gewinnen, die nötig ist, Größeres anzufangen.* Immer wieder ging er den weiten Weg in die Innenstadt, über die Bismarckstraße, das Charlottenburger Tor, den Tiergarten und den Bahnhof Zoo bis zur Friedrichstraße. Mit der Pferdedroschke oder den gerade neu eingesetzten motorisierten Omnibussen wird er nur selten gefahren sein, für den finanziell klammen Literaten wäre das zu teuer gewesen – damit fuhren höchstens die Angestellten. Überall in Berlin gab es noch Pferdetränken für die Droschkengäule, und das gemächliche Klappern über das Kopfsteinpflaster war ihm ein vertrautes Geräusch. Pferde in der großen Stadt, das rührte den Schweizer.

Doch betroffen durch den wunderbaren Anblick des weißen Pferdes in der schwarzen Nacht blieb ich stehen. Unbeweglich, als sei es eine weiße Geistererscheinung, aus dem Grab herausgestiegen, stand das Pferd da, mit einer Ergebenheit und Duldung, die an Majestät mahnte. Doch weiter riß es mich, ich wollte mich ja amüsieren.

Pferdedroschken, um 1910

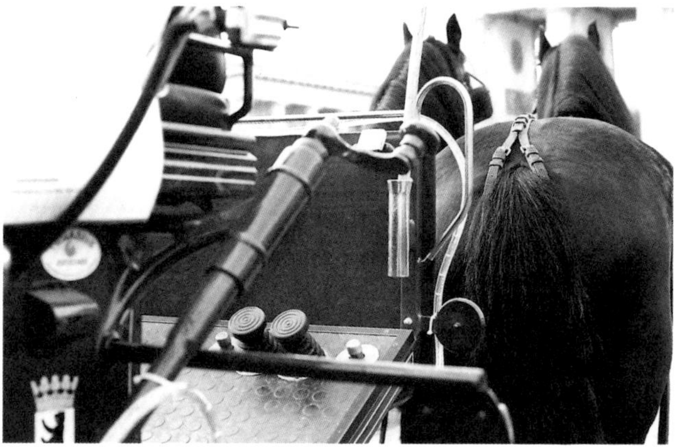

und 2010

Omnibus an der Ecke Friedrichstraße / Leipziger Straße, um 1914

In der Friedrichstraße steuerte der Schriftsteller gern Aschinger an, ein Berliner Bierlokal mit vielen Filialen, in dem man zur Suppe kostenlose Brötchen essen konnte, ein Treffpunkt der kleinen Leute, der Dienstboten und Arbeiter, der Armen und Bedürftigen.

Bitte, noch ein Helles. Bei Aschinger gewöhnt man sich rasch einen Eß- und Trink-Vertraulichkeitston an, man spricht dort nach einiger Zeit fast nur noch wie Waßmann im Deutschen Theater. Mit dem zweiten oder dritten Glas Hellen in der Faust treibt's einen dann gewöhnlich an, allerlei Beobachtungen zu machen. Man will gern recht exakt notiert haben, wie die Berliner essen. Sie stehen dabei, aber sie nehmen sich ganz nett Zeit dazu. Es ist ein Märchen, zu glauben, in Berlin haste, zische oder trabe man nur [...]. Seit ich in Berlin bin, habe ich mir abgewöhnt, das Menschheitliche lächerlich zu finden. Übrigens lasse ich mir in diesem Augenblick selber ein neues Eßzauberstück geben, es ist dies ein Brotbett mit einer schlafenden Sardine

Aschinger in der Friedrichstraße

darauf, sie liegt auf einem Butterlaken, dies gewährt einen so reizenden Anblick, daß ich das ganze Schauspiel beinahe auf einen Ruck in den offenen Drehbühnen-Rachen hinunterwerfe.

Walter Trier: *im Café des Westens*, 1913

Hier bei den einfachen Leuten fühlte Walser sich wohler als im *Café des Westens*. Dort fürchtete er sich vor dummen Bemerkungen, wie sie *ein einflußreicher Rivale, Karl Vollmöller* schon einmal von sich gegeben hatte: *Sie haben als Commis begonnen und werden immer ein Commis bleiben.* So etwas würgte den verletzlichen Walser bis zum Lebensende. Wie leicht hätte er replizieren können, *Herr Vollmöller, sie sind ein Fabrikant von Unterwäsche und werden es auch bleiben.* (Wolfgang Koeppen)

Die Lokale der einfachen Leute in der oberen Friedrichstraße mit ihren Tingeltangels und „Mädchenkneipen", dieses zentrale Revier der käuflichen Liebe, war sein Terrain, dort fühlte er sich wohl und konnte die anstrengende Welt des gesellschaftlichen Lebens und seiner Verpflichtungen vergessen. Für wenig Geld gehört er dazu; und aus seinen Beobachtungen entstanden unzählige Prosastücke. Der Fremde war endgültig in Berlin angekommen, saß mit dem einfachen Volk in fragwürdigen Kaschemmen und lachte innerlich darüber, wie seltsam stolz diese Berliner auf ihre Stadt waren. Voller Mitgefühl und Sehn-

Die *Modernen* an ihrem Stammtisch in einem Café des Westens

sucht tauchte er in die Welt der armen Leute ein. In seiner Darstellung der Berliner Welt von 1905-1913 fehlen nicht der Kaiser, die *Secession*, die Elektrische, die Gnädigste, aber auch nicht das Elend der Arbeiter.

In Berlin habe ich mich mit Vorliebe in vulgären Kneipen und Tingeltangels herumgetrieben, damals, als ich mit Karli und der Katze ‚Muschi' im gleichen Atelier wohnte [...] Ich war in meiner Armut glücklich und lebte wie ein sorgloser Tänzer. Ich habe damals auch tüchtig gesoffen. So wurde ich schließlich ziemlich unmöglich [...]

In der „Mädchenkneipe"

V.

1907 beendete Robert Walser die Wohngemeinschaft mit seinem Bruder – nichts trennt mehr als das Geld – und zog allein in eine Wohnung in der Wilmersdorfer Straße 141. Hier entstand sein zweiter veröffentlichter Roman, *Der Gehülfe*, der abermals biografische Wurzeln hatte, angespornt durch ein Preisausschreiben des Scherl-Verlages. Mit großer Eile schrieb er die Geschichte vom Gehülfen, auch der ein Commis, der dem Erfinder Tobler zur Hand geht und mit dessen wirtschaftlichem Untergang in die Arbeitslosigkeit entlassen wird. Er selbst hatte ja Ähnliches erlebt, 1903 in Wädenswil am Zürcher See, seiner letzten festen Stelle, bevor er nach Berlin ging. Voller Erwartung schickte er das Manuskript an Scherl und vergaß nicht, seine Honorarforderung beizulegen: 8.000 Mark! Wenig später erhielt er es zurück, ohne Kommentar, ja, ohne Begleitschreiben. Verärgert begab er sich ins Verlagsbüro. Doch dort verwies man nur spöttisch auf seine unverschämte Forderung. *Sie Kamel verstehen überhaupt nichts von Literatur!* So tobte Walser und verließ, die Tür knallend, das Büro. Der Roman erschien schließlich 1908 bei Bruno Cassirer, nachdem Morgenstern sich erneut

Der Gehülfe
Erstausgabe, 1908, mit einem Titelbild von Karl Walser

Die Wilmersdorfer Straße, um 1910

für das Werk des Schweizer Autors eingesetzt hatte. *Der Gehülfe* erlebte als einziger Roman Walsers eine zweite und dritte Auflage. Doch trotz der inzwischen umfangreichen Prosaveröffentlichungen ließ der von seinen Lektoren und anderen Autoren erwartete Ruhm Robert Walsers auf sich warten. Gewiss, er war

In der Wilmersdorfer Straße 141 steht heute ein modernes Wohnhaus. Die Kirche auf dem Hof existierte jedoch schon zu Walsers Zeiten.
2010

längst kein Unbekannter mehr, besonders in der eigenen Zunft und unter den Kritikern hatte er Anhänger gefunden, viel zu Wenige jedoch unter dem einfachen Lesepublikum.

Es müßte wirklich mit dem Teufel zugehen, wenn wir es nicht noch erlebten, daß dieser Dichter nicht nur von einzelnen geliebt, nicht nur von Kennern gerühmt, sondern von seinen Landsleuten wirklich in seinem Wert erkannt wird. An der Kritik hat es nie gefehlt, Walser ist früh erkannt und gewürdigt worden, auch in der Schweiz. Aber er blieb allzu sehr ein Dichter der „Gebildeten", der verwöhnten Bürgerfrauen, der Geschmackvollen. Hermann Hesse

Walser hasste Hesse inständig, denn der hatte sich in seinen Rezensionen erlaubt, die *Naivität* und das *Kinderherz* des Dichters hervorzuheben, was der Autor überhaupt nicht schätzte:

Im ‚Gehülfen' sehen wir wieder monatelang einem armen Teufel von Commis zu, in die rührende Kleinheit seiner Verhältnisse und Sorgen lacht seine Liebe zur Welt und sein offenes Kinderherz. Hermann Hesse

Er mochte sich auch darüber ärgern, wie erfolgreich Hesses Romane im Gegensatz zu seinen eigenen waren. Nicht ohne Tragik blieb, dass Hesse 1937 zu den meistgelesenen Autoren gehörte, während Walser und sein Werk längst dem Vergessen anheim gefallen waren. Der Autor lebte da schon seit sieben Jahren verstummt in der Heilanstalt Herisau. Und wirklich, nichts war dem Schriftsteller so ungelegen wie der immer wieder vorhergesagte „Ruhm":

> Als ich zum Beispiel ‚Die Geschwister' schrieb, wie unberührt von Berühmtheit war ich da! Wäre ich schon berühmt gewesen, so wäre das Buch nicht zur Welt gekommen. Ich wünsche also unbeachtet zu sein. Sollte man mich trotzdem beachten, so werde ich meinerseits die Achthabenden nicht beachten.

Den Grund für diese Ablehnung kannte nur er selbst:

> Ich habe ein zu zart entwickeltes Empfindungsvermögen, mich entsetzt der Gedanke, ich könnte Erfolg in der Welt haben.

Dabei hatten seine skurrilen Texte längst prominente Liebhaber gefunden. Max Brod, Franz Kafka, Robert Musil, Kurt Tucholsky waren begeistert. Zwischen Kafka und Walser erkannte man Ähnlichkeiten – Kasimir Edschmid sprach später in der *Neuen Rundschau* vom *Robert Walser tiefer nachgrabenden Kafka.* In eben dieser Zeitschrift, in der Franz Kafka publizierte, hatte er die Texte des Schweizer Kollegen entdeckt. Max Brod erinnert sich:

> Im Jahr 1909 kam dessen Roman ‚Jakob von Gunten' (1908) hinzu, zwei Jahre später kannte er auch den ‚Gehülfen' (1908), und von den 1913 im Leipziger Kurt Wolff Verlag erschienenen ‚Aufsätzen' liebte er besonders das Stück ‚Gebirgshallen'. Auf einer Reise in die Schweiz 1911 fühlte Kafka sich durch die ‚in allen kleinen Städten einzelstehenden Häuser [...]' an Walsers ‚Gehilfen' erinnert. Max Brod

Die innere Verwandtschaft der beiden Autoren ließ Alfred Walter Heymel zunächst sogar annehmen, Walser schriebe jetzt unter einem Pseudonym. Max Brod war durch Kafka auf Walser aufmerksam geworden. Amüsiert beschrieb er die Begeisterung seines Freundes:

Die *Gebirgshallen* Unter den Linden, 14-15, ca. 1910

Wenn das Heft anlangte, stürzte sich Kafka zuerst auf die Schlußseiten des Textes. Viele Stücke von Walser hat er mir vorgelesen. Einige mehrmals. Mit besonderer Vorliebe rezitierte er die kleine kunstvolle, doch wie völlig unabsichtlich hingeworfene Beschreibung ‚Gebirgshallen'. Es geht um ein sehr einfaches Berliner Nachtlokal mit Tanz und Gesangsdarbietungen: ‚Kennen Sie die Gebirgshallen unter den Linden? Vielleicht probieren Sie einmal einen Gang dorthin. Der Eintritt kostet nur dreißig Pfennige. Wenn Sie die Kassiererin auch Brot oder Wurst essen sehen […].' Mit immer mühsamer unterdrücktem Lachen las Kafka weiter[…] ‚da wird Ihnen eine große Figur, eine Art Rübezahl, begegnen. Es ist der Wirt des Lokals, und Sie werden gut tun, ihm durch Hutlüften zu salutieren. Er sieht das gern, und er wird Ihnen artig für Ihre Höflichkeit danken, dadurch, daß er sich halb vom Stuhl, auf dem er sitzt, hochhebt.' […] Nun konnte sich Kafka vor Lachen kaum mehr halten […]. Und jeder der folgenden Sätze war ihm ein Schlager, der seine Heiterkeit noch steigerte. Kafka-Handbuch

Seine Feuilletons in den literarischen Zeitschriften hatten Robert Walser längst im Literaturbetrieb etabliert. Nicht nur die *Neue Rundschau* druckte ihn von 1907 an regelmäßig, auch in Jacobsohns *Schaubühne* erschienen im selben Jahr zwanzig Beiträge Walsers. Walser trieb sich derweil unerkannt in Berlin herum, die Schuhe abgetragen, der Anzug fadendünn. Geld hatte er kaum, denn die Bewunderung seiner Kollegen allein reichte nicht aus, um ihn endlich auch materiell besser zu stellen. Dennoch trauerte er seiner Stellung bei der *Secession* nicht hinterher, sie schien ihm eine verschwendete Zeit. Acht Monate hat er sich mit dieser Nebentätigkeit aufgehalten, weil er das Geld dringend brauchte. Doch jetzt wollte er endlich seinen dritten Roman schreiben, *Jakob von Gunten*, der seine Erlebnisse auf der Dienerschule verarbeitet. *Aber das eine weiß ich bestimmt*, sinniert darin sein Alter Ego Jakob, *Ich werde eine reizende kugelrunde Null im späteren Leben sein.*

Jakob von Gunten
Erstausgabe, 1909

Dieser dritte Roman erscheint 1909 und wird natürlich Kafkas Lieblingsroman. Er wird abermals gut besprochen und noch schlechter verkauft als die ersten beiden Romane. Bereitwillig zahlt ihm Bruno Cassirer Vorschüsse für ein weiteres Buch, doch das kommt nicht zustande.

> Für meinen Verleger, einen in jeder Hinsicht schätzenswerten Menschen, war ich nachgerade zur Zielscheibe großkalibriger Sorgen geworden [...]. ‚Was macht Ihr neuer, großkalibriger Roman?' ‚Er schreitet langsam vorwärts; er rückt vor', gab ich tonlos zur Antwort. Ich glaubte aber selbst nicht an meine Worte, und der schätzenswerteste der Menschen glaubte ebenso wenig daran.

Nach den drei Romanen beschränkt sich Walser auf das Prosastück-Geschäft. Das lässt ihm mehr Zeit zum Flanieren auf den

Straßen Berlins, auf den Plätzen und in Parks, und zur Beobachtung der Menschen, die morgens ihre Häuser verlassen, auf dem Weg zu einer fernen Arbeitsstelle:

... immer gehst du und hast flüchtige Blicke für alles..., für Droschken, die träge fortrumpeln, für die Elektrische, die jetzt zu fahren beginnt, von der herab Menschenaugen dich ansehen, für den stupiden Helm eines Schutzmannes, für einen Menschen mit zerrissenen Schuhen und Hosen ..., für einen zweifellos ehemals Gutsituierten, der im Pelzmantel und Zylinder die Straße fegt, für alles, wie Du selber für alles ein flüchtiges Augenmerk bist. Das ist das Wunder der Stadt, daß eines jeden Haltung und Benehmen untertaucht in all diesen tausend Arten, daß das Betrachten ein flüchtiges, das Urteil ein schnelles und das Vergessen ein selbstverständliches ist.

Die Kneipen, die armen Leute, die Arbeiter, die Pferde – alles ist interessant in Berlin, wie nirgendwo sonst. Aber das Faszinierendste für Robert Walser ist das Rauschhafte, das *Wunder* dieser gewaltigen Stadt. Das städtische Leben und der Stadtraum – unbekannt in den Orten, aus denen er kommt – bilden seine intensivsten Erfahrungen und liefern ihm immer neue Schreibanlässe. Pausenlos ist er unterwegs. Aber es sind nicht nur die Verführungen des Amüsierbetriebs, die ihn beschäftigen, nein, auch das Elend der Arbeitslosen, die sozialen Abgründe fallen ihm auf. Dennoch, die Faszination der Großstadt überwiegt bei weitem. So dokumentiert Walser eher als seine Kollegen das Gefühl der Zeit.

Die Straße ist ihm ein Sinnbild der Stadt. Und sie ist eine Bühne, auf der man Zuschauer und Akteur ist, wo man *flüchtige*

Berliner Impressionen, um 1910

Flaneure
Unter den Linden,
um 1910

Blicke für alles hat, aber auch selbst ein *flüchtiges Augenmerk* für andere ist.

Die Straße wird zur Wohnung für den Flaneur, der zwischen den Häuserfronten zu Hause ist wie der Bürger in seinen vier Wänden.

Walter Benjamin

Walser lebt nun sein unsichtbares Leben, will einfach nur Beobachter sein. Hatte er in seinen Romanen die eigene Vergangenheit aufgearbeitet – und dabei noch wirkliche Geschichten erzählt, die in seiner Psyche wurzelten –, so wendet er sich in seinen Berliner Prosastücken der Stadt zu, die ihn umzüngelt wie eine Schlange. Seine Beobachtungen sind nahe an den einfachen Menschen, der Kaiser figuriert nur als Märchenfigur eines kleinen Mädchens, und die Aufmöbelung der Stadt mit nationalen Denkmälern nimmt er kaum wahr. Er will aufschreiben, was er sieht, und alle, die ihm eine andere Schreibweise abverlangen, verlacht er.

... eines Tages mutete mir Bruno Cassirer zu, ich solle Novellen wie Gottfried Keller schreiben. Ich brach in schallendes Gelächter aus.

Im Gespräch mit Carl Seelig

Die Zeit Gottfried Kellers ist vorbei! Allmählich schämt sich Walser seiner Erfolglosigkeit. Seit er sich von seinem Bruder gelöst hat, meidet er die Gesellschaft. Doch schreibt er unent-

Unter den Linden,
Ecke Friedrichstraße,
um 1910

wegt, immer wieder über die Straße als Bühne des modernen Lebens, wo man gleichzeitig Schauspieler und Statist sein kann. Auf seine unverwechselbare, poetische Art schreibt er sich immer tiefer in die deutsche Vorkriegsgesellschaft hinein. Einst suchte er die Ruhe. Nun ist er ein Ruheloser geworden.

Sind ungefähr fünf oder sechs Jahre verflossen, so fühlt sich der Künstler, und mag er auch von Bauern abstammen, in der Großstadt wie zu Hause. Seine Eltern scheinen hier gelebt und ihn zur Welt gebracht zu haben. Verpflichtet, verschuldet und verschwistert fühlt er sich dem sonderbaren Gerassel, Geräusche und Getöse. Das Hasten und Wehen empfindet er wie eine neblige, liebe Muttererscheinung. Er denkt nicht mehr daran, je wieder abzureisen. Mag es ihm gut oder schlecht gehen, mag er verkommen oder emporkommen, gleichviel, es ‚hat' ihn, er ist für immer bezaubert, es ist ihm unmöglich, dieser großartigen Ruhelosigkeit Adieu zu sagen.

Noch kann er diesem Rausch das eine oder andere Prosastück abgewinnen, über die Kassiererin, die in den *Gebirgshallen* ihr Abendbrot isst, oder über die armen Berliner, die auf die kostenlosen Brötchen bei Aschinger angewiesen sind. Die Friedrichstraße als „Straße des Amusements" hat es ihm besonders angetan. Die Armut, die er überall wahrnimmt, ist seine einzige „Geborgenheit" – aber wärmt sie ihn auch?

Blick in die Friedrichstraße, um 1910

> Noch nie, seit sie ist, hat in dieser Straße das Leben aufgehört zu leben. Hier ist das Herz, die unaufhörlich atmende Brust des großstädtischen Lebens. Hier atmet es hoch auf und tief nieder, als wenn das Leben selber über seinem Schritt und Tritt unangenehm beengt wäre. Hier ist die Quelle, der Bach, der Fluß, der Strom und das Meer der Bewegungen [...]. Hier wird im Sonnenschein friedlich spaziert, wie auf einer entlegenen stillen Bergesmatte.

Weiterhin bleibt der mittellose Schriftsteller gezwungen, billige Quartiere zu nutzen. Auf eine ansprechende Möblierung kann es ihm dabei nicht ankommen. Wenn er Besuch bekommt, was selten geschieht, so wundert sich dieser über die wie unbewohnt erscheinende Behausung. Sehr gelegen kommt es Robert Walser dann doch, dass sein Bruder Karl 1908 für fast ein ganzes Jahr in Japan sein wird und er wieder dessen Wohnung hüten darf, diesmal am Schöneberger Ufer 40 in Tiergarten. Auch später lässt er sich gelegentlich noch mit seinem Bruder auf Künstler- oder Schriftstellerfesten blicken. Dort soll er sich manchmal recht *ruppig und merkwürdig* aufgeführt haben. Wenn Max Brod, immer gut informiert über Berliner Künstlerklatsch, ihn für einen starken Trinker hielt, so entbehrte dies wohl nicht der Wahrheit. Die beiden *riesenlangen Brüder Walser* tranken gern und benahmen sich dann kräftig daneben. Tilla Durieux erzählt in ihren Lebenserinnerungen *Meine ersten neunzig Jahre* von einem Weihnachtsfest, zu dem sie auch Karl und Robert Walser eingeladen hatte:

Am Schöneberger Ufer, 2010.
Hier wohnte Robert Walser 1908 erneut bei seinem Bruder. Das Haus existiert nicht mehr.

Im Jahre 1907, als Wedekind noch in Berlin war, bevor er nach München übersiedelte, erlebte ich ein tragikomisches Weihnachtsfest mit ihm. In meine kleine Bude hatte ich Wedekind, den Bildhauer Nikolaus Friedrich, Kles genannt, Tilly Wedekind und die beiden riesenlangen Brüder Walser eingeladen. Paul (Cassirer) sorgte für Getränke, und so war es gegen Mitternacht schon recht munter geworden. Der Maler Karl Walser sah wie eine Sonnenblume aus, mit seinem flachen, breiten, von blondem Haar umrahmten Gesicht. Er vertrug viel, aber, wenn es zuviel wurde, verübte er mit lächelnd sturer Miene ganz still die tollsten Dinge, sekundiert von seinem Bruder Robert, dem Schriftsteller. Plötzlich kam Karl Walser an diesem Abend auf die Idee, mit Wedekind, seinem halben Landsmann, ‚Hoselupfe‘ zu probieren. Das ist ein Schweizer Ringen, bei dem sich die Burschen am Hosenbund packen und versuchen, den Gegner auf die Erde zu werfen.

Wedekind betrachtete das Ansinnen als Entwürdigung und Hohn. Er lehnte schroff ab... Daraufhin wurde die Stimmung so drohend, daß Wedekind abrupt aufstand und mit ‚Tilly, wir gehen‘ die Wohnung verließ.

Werbemarken, um 1910

Die Walser-Brüder wurden in eine Droschke gesetzt, um sie loszuwerden.

Waren sie schließlich von der einen Seite hineingestopft, stiegen sie zu der anderen Seite wieder aus. Endlich gelang uns das schwere Werk. P.C. und ich strebten in die Potsdamer Straße zum Cafe Austria, wo wir Wedekind zu treffen hofften... als die Drehtüre des Cafes die beiden Walser hereinzog. Als er (Wedekind) an dem Tisch der beiden Walser vorbeiging, erhob sich der Schriftsteller und rief ihm freundlich grinsend zu: „Schafskopf". Tilla Durieux

Auf einem Empfang beim Verleger Samuel Fischer zerschmetterte der Dichter im Rausch dessen Carusoplatten auf dem Grammofontisch. Dem verdutzten Hugo von Hofmannsthal – eigentlich einer seiner größten Bewunderer – schleuderte er entgegen: *Könnten Sie nicht ein wenig vergessen, berühmt zu sein?* Karl Walser war es mehr als peinlich, wenn ihn sein Bruder in der Gesellschaft blamierte. Immer kam der in seinem ungebügelten Anzug und kümmerte sich nicht um die Gepflogenheiten der arrivierten Künstler. Noch hielt Paul Cassirer zu ihnen, doch bat er Karl Walser: *Kommen Sie heute abend zu mir zu Tisch. Bringen Sie Ihren Bruder mit, aber nur unter der Bedingung, daß er keinen allzu starken Hunger hat.* Der viel beschäftigte und umworbene Karl wollte das seltsame Benehmen seines Bruders nicht mehr akzeptieren und war entschlossen, ihn hinauszuwerfen. Allmählich schien die Kluft zwischen den Brüdern unüberwindbar zu werden. Mit einem Herumtreiber konnte Karl nichts anfangen.

VI.

Nachdem Robert Walser ein paar Jahre allein in diversen Unterkünften gewohnt hatte, zogen die Brüder 1910 am Kurfürstendamm 29 ein letztes Mal zusammen.

Karl Walser war inzwischen verheiratet, und so störte der Logiergast von Anfang an. Auch erschien ihm Robert immer seltsamer. Halbe Stunden lang stand er wie ein Geist hinter Karls Rücken, unbewegt und stumm. Suchte er hinter ihm Schutz? Oder einfach die Nähe des Bruders, den er zu verlieren fürchtete? Merkwürdigerweise findet sich eine solche Szene auch im Roman *Geschwister Tanner*, der viel früher entstand – besaß der Autor prophetische Fähigkeiten? Dass er nach Karls Heirat nur noch geteilte Aufmerksamkeit erwarten konnte, quälte ihn:

> Ihn schmerzte seines Freundes Verehelichung so sehr, daß er sich gleichsam in eine Nachdenklichkeit, in die Stille sozusagen seiner Seele zurückzog, d.h. vor der Gesellschaft floh, die ihm vielleicht gerade jetzt am nützlichsten gewesen wäre.

Karl Walser mit seiner Frau Hedwig, um 1909

Zum endgültigen Bruch kommt es, als Robert seinen Bruder und dessen frischgebackene Ehefrau 1912 in der Sommerfrische auf Rügen besucht, abermals in seinem geflickten Anzug. Karl wirft ihn aus der gemeinsamen Wohnung, und die Freundschaft der Brüder ist beendet. Ab sofort wird Robert keine geschwisterliche Fürsorge mehr erhalten. Die Trennung führt zum allmählichen Verstummen des Autors und leitet das langsame Versinken in die Depression und die endgültige Verarmung ein. Nicht mehr etwa dreißig Prosastücke pro Jahr, sondern höchstens noch acht oder neun konnte er ab 1910 abliefern. Die viel bewunderten Feuilletons über die Straßen und die Menschen Berlins waren wohl die Höhepunkte seines Schreibens in der Großstadt gewesen – damit ist es jetzt vorbei. Robert Walsers Lebensglück – oder was davon übrig ist – schwindet dahin. Noch einmal versucht er, möglichst viele seiner verstreuten Texte in Buchform zusammenzufassen.

Kurfürstendamm 29. Hier lebten die Brüder Walser ein letztes Mal zusammen. 2010

1912 veröffentlicht *Rowohlt* den Band *Geschichten*, noch einmal illustriert von Karl Walser. Der gefragte Buchillustrator erhielt 1500 Mark, der Autor 600 Mark. Im Frühjahr 1913 erschien der Band *Aufsätze*, der im Wesentlichen die Prosastücke aus der Berliner Zeit enthält.

VII.

Zwar sind die Werke Robert Walsers in der Welt – er hat es geschafft, er ist zum Schriftsteller geworden in Berlin –, doch er ist 1910/11 seelisch am Ende. Drei Romane und viele Prosastücke haben nur ein kleines Lesepublikum gefunden. Die dauernde Anstrengung, die Existenznot und die Ignoranz der Leser haben ihm zugesetzt. Seine persönliche Tragödie versteckt Walser, erst in späteren Jahren beschreibt er sie in einigen Prosastücken. Am Ende sei er nur noch müde gewesen, die Depression habe ihn niedergedrückt. Und das Schlimmste waren die Schreibhemmungen. Er konnte nicht mehr schreiben, nichts verdienen, und niemand war da, der ihm helfen konnte.

Es liegt auf der Hand, dass die Berliner Zeit mit ihrer Ruhelosigkeit, ihrer wirtschaftlichen Not, ihrer Einsamkeit dazu beigetragen hat, dass Robert Walser einige Jahre später seine Ruhe in einer Heilanstalt fand.
Sein letztes Quartier in Berlin nimmt Walser im Westend am Spandauer Berg 1 bei Frau Wilke, wie er 1915 schreibt:

Eines Tages, da ich mich auf der Suche nach irgend geeignetem Zimmer befand, trat ich in ein außerhalb der großen Stadt, dicht an der Stadtbahnlinie gelegenes, seltsames, zierliches, ältliches und wie mir schien, ziemlich verwahrlostes Haus hinein, dessen Äußeres mir um seiner Absonderlichkeit willen sogleich ungemein gefiel.

Das Haus war 1872 als erstes Mietshaus außerhalb des Charlottenburger Stadtgebiets erbaut worden. Hier will er nur noch unsichtbar sein, sich verkriechen und sich fallenlassen. Was helfen ihm jetzt die, die ihm eine große Zukunft als Autor vorhergesagt haben?

Still ist es hier wie in einer Höhle. In der Tat: hier kann ich mich verborgen fühlen [...]. Hängt hier nicht die Tapete stellenweise in traurigen, wehmütigen Fetzen an der Wand herunter? Ganz gewiß! Aber gerade das entzückt mich, denn ich liebe einen gewissen Grad von Zerlumptheit und Verwahrlosung sehr. Die Fetzen können ruhig hängen bleiben; um keinen Preis gestatte ich, daß sie weggenommen werden.

Robert Walser, um 1909

Am Spandauer Berg 1, Walser letzte Berliner Wohnung, ca. 1945

Doch auch dieses letzte Versteck ist nicht perfekt, Frau Wilke lässt ihm keine Ruhe:

Sie müssen früher aufstehen. Ich kann nicht dulden, daß Sie so lange liegen bleiben, sagte mir Frau Wilke. Sonst sagte sie nicht viel zu mir. Ich lag nämlich tagelang im Bett [...]. Ich lag wie in Schwermut; kannte mich, fand mich nicht mehr. Alles tot, leer und hoffnungslos vor dem Herzen.

Die Depression – die Krankheit seiner Mutter – hält ihn gefangen.
Die alte Frau Wilke schleicht wie ein *Gespenst* durch die Wohnung, reicht ihrem Untermieter eine kalte Hand – seine Lage wird nur noch schlimmer durch sie.
Wenig später stirbt die Vermieterin. Glücklicherweise übernimmt die Hauseigentümerin Frau Scheer die Wohnung. Sie lässt den Dichter in seinem Zimmer wohnen und setzt ihn als kundigen Sekretär für ihre Mietsachen ein, was Robert Walser gut zu gefallen scheint. Frau Scheer ist Eigentümerin mehrerer großer Mietshäuser, mehrfache Millionärin und besitzt neben dem Haus einen Pferdestall, um sonntags vierspännig zur Trabrennbahn zu fahren.

Am Spandauer Berg 1, 2010

Ich besitze von Frau Scheer eine Photographie, auf der sie als junge Frau abgebildet ist, und wo sie ganz scharmant aussieht.

Doch scheint auch sie entsetzlich einsam zu sein. Robert Walser bedauert sie. Was für eine arme Frau war doch diese reiche Frau Scheer, deren Geiz alle menschlichen Kontakte zum Opfer fielen?
Nicht nur seine Erfolglosigkeit, auch die psychische Vorbelastung seitens der Mutter entfalten jetzt ihre beklemmende Wirkung. Unter die Leute traut er sich längst nicht mehr.

In die Gesellschaft, d.h. dorthin, wo sich die Welt zusammenfindet, die die Welt bedeutet, ging ich nie. Ich hatte dort deshalb nichts zu suchen, weil ich erfolglos war. Leute, die unter Leuten keinen Erfolg haben, haben bei Leuten nichts zu suchen.

Frau Scheer ließ ihn wohl nur deshalb bei sich wohnen, weil auch sie einen Menschen brauchte. Sie waren Schicksalsgenossen.

Anna Scheer, Robert Walsers letzte Vermieterin als junge Frau

...denn die alte Frau Scheer hatte zu einer Zeit niemanden mehr um sich als den Verfasser dieser Zeilen, den eine merkwürdige gealterte Frau aus manchen Gründen in hohem Grade interessierte. Einsamkeit, welch ein schreckliches wildes Tier bist du! Doch was für aufmerksame Beachtung konnte ich dieser Frau schenken, da mich doch nur der armselige, nackte Gedanke beschäftigte, wie ich es anzustellen habe, daß es meiner eigenen Person wieder ein wenig besser gehe... Geh in jene wilde Weltstadt, lieber Leser, und erfahre, wie dort Glanz und Glück jäh mit Not und Sorgen abwechseln, und wie dort die Menschen einander die Existenz streitig machen [...].

Manchmal kocht sie sogar für ihn. Aber bald stirbt auch sie einen einsamen Tod. So litten seine beiden letzten Bezugspersonen wie er selbst unter völliger Isolation. Die Zeit in seinem ärmlichen Zimmer mit den Tapetenfetzen und den deprimierenden Blicken in die verlassenen Räume der verstorbenen Frau Scheer bildet das Preludium seines eigenen Abschieds, seiner endgültigen Abreise aus der großen Stadt.

Ein Testament hinterließ sie nicht. Alles Suchen nach einem solchen war vergeblich. In das Vermögen teilten sich die Verwandten. Was mich betrifft, so reiste ich bald darauf ab. Es drängte mich, meine ferne Heimat wiederzusehen, deren Anblick ich lange Jahre hatte vermissen müssen.

Er will gehen.

VIII.

Im März 1913 verließ Robert Walser Berlin. Innerhalb von acht Jahren war er hier zum Schriftsteller geworden – doch leider ohne wirtschaftlichen Erfolg. Ein Aufenthalt bei seiner Schwester Lisa in Bellelay richteten den Niedergeschlagenen etwas auf. Doch ein Schatten blieb, der im Laufe der Jahre immer dunkler wurde. Weil er bei der Schwester nicht bleiben konnte, reiste er weiter in seine Heimatstadt Biel, wo er dann sieben Jahre blieb. Die Wanderung im Winter 1913 von Bellelay nach Biel durch die tiefverschneite Landschaft fand ihren poetischen Niederschlag in der Erzählung *Heimkehr im Schnee*. Er hatte das Schreiben wieder aufgenommen. Nach seinem Erzählband *Seeland* 1920 dauerte es fünf Jahre, bis er wieder etwas veröffentlichen konnte. Erst 1925 erschien – ausgerechnet bei *Rowohlt* in Berlin – *Die Rose*, des Dichters letztes Buch. Manchmal verfolgte ihn noch die Berliner Zeit. Als er um 1920 im Bieler Stadttheater den Schauspieler Alexander Moissi wiedersah – einen lieben Bekannten aus den Berliner Jahren –, konnte er sich vor Freude kaum halten und schüttelte ihm endlos die Hand. Doch häuften sich die Anzeichen seelischer Probleme. War es Wahnsinn oder war es Hoffnungslosigkeit? 1929 erreichten seine Schwester Lisa beunruhigende Briefe der Vermieterinnen ihres Bruders. Er litte unter Schlaflosigkeit, höre Stimmen – die beiden ältlichen Fräulein fürchteten sich vor ihm. Zudem habe er beiden einen Heiratsantrag gemacht. Lisa eilte zu ihrem unglücklichen Bruder und überzeugte ihn davon, seine Ruhe in der Heilanstalt Waldau zu suchen.

Gedenktafel für Robert Walser in der Kaiser-Friedrich-Str. 70, 2010

Noch 1925 hatte er Bitteres über seine Berliner Jahre geschrieben:

Uns ist ein junger Mann bekannt, der die Kaufmannskarriere zugunsten der poetischen preisgab. Der Himmel und die menschliche Gesellschaft straften ihn hart dafür. Er wurde Schriftsteller und blieb als solcher bodenlos erfolglos.

Dennoch las man ihn, und er wußte dies.

Die einzige Spur Robert Walsers in Berlin ist eine Gedenktafel für Karl und Robert Walser am Neubau Kaiser-Friedrich-Str. 70 in Charlottenburg, zwischen einem Friseurgeschäft und einem Reifenhaus, vom Bürgersteig nicht einsehbar.

Robert Walser würde es so gefallen haben.

Dank der Autorin

Ich möchte Herrn Hofschulz, Frau Renate Schulte und meiner Tochter Meike von Herzen danken. Ohne sie hätte ich diesen Bericht über Robert Walsers Leben in Berlin weder anfangen, noch durchführen, geschweige denn in die richtige Form bringen können.

Literatur

Robert Walser Werkausgabe, *Das Gesamtwerk in 12 Bänden*, hrsg. von Jochen Greven, Zürich 1978.
Robert Walser, *Briefe*, Zürich 1979.
Robert Walser, *Berlin gibt immer den Ton an*, hrsg. von Jochen Greven, Frankfurt am Main 2006.
Jürg Amann, *Robert Walser. Eine literarische Biographie*, Zürich-Hamburg 1995.
Franz Blei, *Lebenserinnerungen*. Hamburg 1962.
Max Brod, *Kommentar zu Robert Walser*, in: *Die Schönheit häßlicher Bilder*, 1913.
Max Brod, *Franz Kafka, Eine Freundschaft*. Frankfurt am Main 1968.
Tilla Durieux, *Meine ersten neunzig Jahre*, Berlin 1970.
Die Brüder Karl und Robert Walser. Maler und Dichter, hrsg. von Bernhard Echte und Andreas Meier, Zürich 1990.
Robert Walser. Sein Leben in Bildern und Texten, hrsg. von Bernhard Echte, Frankfurt am Main 2008.
Robert Walser. *Leben und Werk in Daten und Bildern*, hrsg. von Elio Fröhlich und Peter Hamm, Frankfurt am Main 1980.
Hermann Hesse, Gesammelte Werke 12, *Schriften zur Literatur II*, hrsg. von Volker Michels, Frankfurt am Main 1970.
Elfriede Jelinek, *er nicht als er (zu, mit Robert Walser)*, Frankfurt am Main 2004.
Franz Kafka, *Reisetagebücher*, Frankfurt am Main 1980.
Hartmut Binder, Hrsg., *Kafka-Handbuch*, Stuttgart 1979.
Wolfgang Koeppen, *Die elenden Skribenten. Aufsätze*, hrsg. von Marcel Reich-Ranicki, Frankfurt am Main 1981.
Harry Nutt, *Bruno Cassirer. Preussische Köpfe*, Berlin 1989.
Diana Schilling, *Robert Walser*, Reinbek bei Hamburg 2007.

Bildnachweis

Günther Beyer / Constantin Beyer, Weimar: Titel.
Robert-Walser-Archiv, Zürich: S. 3 oben, 5 oben, 15, 21, 41.
Archiv Bernhard Echte: S. 3 unten, 18 oben, 20, 25, 43.
akg-images: S. 33. Ullstein Bilderdienst: S. 29 unten, 38.
Landesarchiv Berlin Fotosammlung: S. 7, 16, 17, 27, 30 unten.
Berlinische Galerie, Fotografische Sammlung: S. 12, 14, 22, 29 oben, 34–35 unten, 40. Bildarchiv Preußischer Kulturbesitz: S. 24 unten, 28 oben.
Verlag Urachhaus, Stuttgart: S. 19 unten. Gudrun Ortmanns: S. 26 unten, 31, 44 unten.
Max Missmann / Michael Rutschky, Berlin: S. 36. Museum Neuhaus, Biel: S. 4.
Angelika Fischer: S. 5 unten, 23, 39, 42, 47.
Verlagsarchiv Edition A·B·Fischer: S. 1, 2, 6, 9, 13, 18 unten, 19 oben, 24 oben, 26 oben, 28 unten, 30 oben, 34 oben, 37. Archiv Hauschild: S. 44–45.

Impressum

Gestaltung und Herstellung: Atelier Fischer, Berlin, mit Dörte Nieland
Duplex-Reproduktionen: Bildpunkt GmbH, Berlin
Druck: Medialis Offsetdruck GmbH, Berlin
Bindung: Reinhart & Wasser, Berlin
1. Auflage 2010
ISBN: 978-3-937434-30-8